낙원상가

이강 시집

현대시에서 펴낸 이강의 시집

기형도 (현대시 기획선 91, 2023)

시인의 말

비탈리의 샤콘느를 들었다.
낙원상가에서
배운 적 없는 바이올린을 연주한다.

2025년 초여름
이강

차 례

● 시인의 말

제1부 낙원악기상가

커스텀 악기 —— 10
낙원상가로 가자 —— 11
낙원악기상가 —— 12
낙원 인력시장 —— 14
낙원떡집 —— 15
낙원식당 —— 16
낙원상가 ― 신중현 —— 18
악기 수리장인 배기수 씨 —— 19
낙원상가 ― 신들린 기타 소리 —— 20
대여 악기 —— 21
낙원상가 —— 22
낭만극장 —— 23
색소폰 수리점 —— 24
환승역에서 —— 26
낙원상가의 힘 —— 28
재즈는 장마를 부른다 —— 29

제2부 낙원으로 간다

낙원으로 간다 ——— 32
쉰베르크 ——— 33
아침, diminuendo ——— 34
늙은 기타리스트 ——— 36
불협화음 ——— 38
낙원으로 간다 — 소대 ——— 39
Kind of Blue ——— 40
황병기 ——— 42
음악 ——— 43
탱고와 반도네온 ——— 44
낙원으로 간다 — 기형도 ——— 45
기타산조 ——— 46
슈만과 쇼팽 ——— 48
낙원으로 ——— 50
아프리카, 아프리카 ——— 52
네모와 세모 그리고 별 — 아들 결혼식 축시 ——— 54
신랑 입장 끝판왕 — 아들 결혼식 유튜브 ——— 56
피는 못 속인다 ——— 58
대학 시절 ——— 60

제3부 염천교

천호동 —— 62
염천교 —— 63
횡성 —— 64
강릉 안목항 —— 66
밤가시마을 —— 68
옥탑방 —— 69
서울역 서부역 —— 70
동백 숲에 붉은 입술 —— 72
키다리 풍선 인형 —— 74
마음에 푸른 이끼 —— 76
이팝나무 샴푸 향 —— 78
자작나무가 말했다 —— 80
해바라기 —— 82
몽당연필 —— 83

제4부 석굴암

석굴암 — 86
조안공원묘지 — 87
염하는 날 — 88
기억을 잃자 상여가 와요 — 90
납골당 — 92
중림동 — 몽유병 — 93
너의 1주기 — 곡, 황인수 — 94
풀꽃 향 — 95
가고 없는 날 — 사진사 영길 — 96
Gracias A La Vida — 98
여태 이스마엘은 고래 이야기를 한다 — 100
피에타 — 102
가을 수수밭 — 103
곡두 — 104
봄밤 — 106
페르난두 페소아 — 108
동시 — 110

▨ 이강의 시세계 | 이병국 — 112

제1부
낙원악기상가

커스텀 악기*

40년 전 콘크리트 속에서 피어난 꽃
낙원상가에는 250여 개의 악기점이 남아 있다
클래식과 대중음악 악기가 공존하는 곳
개성 강한 커스텀 악기는 유리장 안에 있다

메탈과 하드록 사운드의 보수적 깁슨 레스폴과
팝과 펑크, R&B 사운드의 대중적 펜더 스트라토케스트는
이곳 낙원에서는 우열을 가리지 못한다

마틴과 테일러와 크래프트와
골리앗 야마하와 스타인웨이 피아노 선율
나란히 건반 사이에서 맞울림하고 있다

---

* 주문 제작 악기.

낙원상가로 가자

검은 블루스를 수리하러 낙원상가로 가자
뉴올리언스 재즈를 수선하러 낙원상가로 가자
브리티시 록을 꿰매러 낙원상가로 가자

길 건너 세운상가 기둥 한쪽이 뽑히자
낙원상가가 몹시 앓았다
회백색 건물에 고름이 고였다

이운 영화에도 낙원상가 악기들은 건재하다
튜닝에 날이 선 소리가 살아나면
앓던 악기가 저만의 음색을 되찾는다

반려악기를 찾는 걸음들이 총총하고
온갖 음표들의 주머니가 모이는 곳
낙원상가는 악기를 팔고
악기는 사람을 산다

낙원악기상가

나는 낙원악기상가로 향했다
경은어쿠스틱 매니저 추천 기타들을 시연해 보다
무심한 듯 마음에 둔 마틴* 한 모델을 집어 들자
어라, 매니저 고개가 갸우뚱한다

그러거나 말거나,
속눈썹을 찢고 들어오는 유려한 곡선
기타는 조율부터 크로노그래프**처럼 까칠하고 예민하다
살포시 가슴에 안고 뉘엿뉘엿한 시간을 세워놓듯
오감은 여섯 줄의 소리 하나에 집요하다

띠리리리리링~

현의 파장은 짧고 여운은 길다
파장은 파동을 만들고
파동은 울림을 만들고

---
* 미국의 고급 통기타 브랜드.
** 정밀하게 시계를 기록하거나 조정하는 장치 또는 기술.

울림은 소리를 만든다
소리는 묵직하고 장중하다

나는 양보할 수 없는 황홀한 소리를 데려간다
현은 손길을 보탤수록 음색이 깊어진다
기타는 손때가 묻을수록 데이지꽃 향기가 난다

낙원 인력시장

저물녘 낙원상가는 악사들의 인력시장이다
드물게, 음반 세션 맨 땜빵으로 차출되기도 한다
거개가 물 좋다는 술집 반주자로 하루를 판다

그곳의 대장주는 기타와 건반이다
손 빠른 오부리* 기타리스트는 이른 저녁 강남으로 내달린다
오부리 하나 오부리 둘 오부리 셋
건반 하나 끼워 달리는 운발 좋은 날도 가끔은 있다

일탈 없이 맴도는 낮은음자리표가 끄덕끄덕
졸고 있는 대기실 벼럭에는 끝내 꽃이 피지 않았다
악기점 골목 사이로 어둠이 쌓인다
허방지방 악사들은 서글픈 어깨를 접는다

---

* 즉흥연주.

낙원떡집

낙원상가가 우뚝 서자 시장이 들어섰다
'낙원떡집'들이 너도나도 '원조'를 달고
몸집을 불리며 이름값을 했다

파고다 아케이드의 악기점들이
낙원상가로 둥지를 옮겼다
떡집들이 굴렁쇠가 구르듯
사방으로 굴렀다
상가의 입맛이 귀맛으로 바뀌었다

'낙원떡집' 간판은 순천에도 있고
포항에도 있고 시장마다 있다
아직도 '돐떡'하고 물러난 떡 이름을 쓰는 곳도 있다

낙원상가에서 구른 낙원떡집이
오늘도 처처 곳곳에서 첫새벽을 연다
가래떡을 뽑고 시루떡을 찐다
낙원상가 떡메 치던 소리가 아스라하다

낙원식당

낙원상가 지하에 갔다
켜켜이 묵은 오십여 년의 더께가
천장을 가로지르는 구조물들 위에 차곡차곡 쌓여 있다

시멘트벽에 붙은 차림표에는
머릿고기와 순대 한 접시가 몇 겹의 덧칠 위에
만 오천 원이라 쓰여 있다
주인 할머니는 비빔국수가 맛있다고 한다
삼천 원이라 쓰여 있다

지상층 악기점들은 파동과 공명하는데
지하 식당가에는 오래된 쇳내가 난다
허름한 공간 칸막이 없는 간이식당
시간 바깥에 있는 것인지
벽 속에서 얼추 무심하다

이곳 식당가를 찾는 사람은
지상의 악기점에서 고가의 악기를 사고도

밥벌이가 궁색한 가난한 악사이거나
새 악기를 들인 설렘에 칼칼함이 동한 낙원상가 애호가이거나
수십 년 오랜 단골들이다

낙원상가
— 신중현

신중현의 록이 펄떡이던 곳
김태원(부활)의 20대가 고스란히 살아 있는 곳
김종진의 사계절(봄여름가을겨울)이 왔다 가는 곳
홍서범이 가끔 조갑경 몰래 기타 한 대 들이러 오는 곳

마틴과 테일러가 음색을 겨루는 곳
깁슨과 펜더가 유리장 안 자리를 다투는 곳
악기 수리의 장인들이 이름 석 자를 내거는 곳
매니저 연주 솜씨가 고객의 호주머니를 터는 곳

그래도 쪼그라진 낙원상가는 힘에 부친다
탑골공원과 맞닿은 길거리
노인들이 장기와 바둑 삼매경에 빠져 있다
그들의 겹주름 틈새로
엘비스 프레슬리의 다리가 슬로비디오로 흔들리고 있다

악기 수리장인 배기수 씨

낙원상가 서쪽 계단 밑
손바닥만 한 점포 유리 밀창에
'현대악기 수리점'이라는 시트지가 붙어 있다

유리창 너머
안경을 코에 걸친 노인이 기타를 손질하고 있다
배기수 씨는 이곳에서 손꼽히는 기타 수리 장인이다
가난한 학생들의 기타를 돌보아주는 기타 명인이다

오십여 년 기타만 매만져 온 손이 말썽을 부려
일 년을 쉬었다
손님들과 악기점들의 성화에
담배를 물고 다시 돌아왔다

낙원상가
― 신들린 기타 소리

팝과 로큰롤은 한 시대 문화의 펄럭이는 깃발이었다
에릭 클랩튼과 지미 페이지
지미 헨드릭스의 신들린 기타 소리에
광기 어린 사람들이 머리채를 흔들었다

블루스 록에서 하드 사이키델릭 프로그레시브 록까지
깁슨의 레스폴을 연주하는 지미 페이지의
Stairway to Heaven에 시대는 열광했다
신중현도 사이키델릭 록을 연주했다

낙원상가는 어울려 단순하다
복작거리는 기타 매장들 틈새에서
다른 악기들도 침묵으로 말할 수 있다

그윽한 유키 쿠라모토의 피아노
싱싱한 자클린 뒤 프레의 첼로
경쾌한 로비 라카토시의 바이올린
절정의 하늘 묵직한 바다 머플러 터진 올드카
낙원상가는 씩씩하게 행진 중이다

대여 악기

아직도 몸에서 소리가 비틀거리네요
어젯밤 나를 데려간 기타리스트는
뽕끼 넘치는 손님들의 트로트에
내미는 위스키를 넙죽넙죽 비워냈지요
앰프 위에 차곡차곡 쌓여가는 팁을 어림하며
새벽까지 룸에서 신이 났나보아요

마침내 술기운에 허정거리는 기타리스트의 손은
코드도, 멜로디도, 벤딩도, 슬라이딩도 어정버정하고
피크가 내 몸 속을 불쑥 찌르기도 했지요
술꾼 대여 악사를 잘못 만나면
몸이 만신창이가 되는 일은
대여 악기의 숙명 같은 거래요

낙원상가 한 모퉁이 풍경화 같은 기다림
오늘은 솜씨 좋은 기타리스트에게
다정한 손길 타며 버스킹을 하는
그런 운수 좋은 날이었으면 좋겠네요
가끔은 햇빛 아래서도 노래 부르면 참 좋잖아요

낙원상가

종로2가 학원 골목에서 새벽반 교복들이
눈곱을 비비며 쏟아져 나온다
중앙고* 등굣길에 낙원상가는 잠을 자고 있다
건물 얼굴을 뒤덮은 허리우드극장의 '벤허' 걸개그림,
찰턴 헤스턴의 마차가 로마제국의 아침을 박찬다

낙원상가는 악기 애호가들의 기울어진 마당이다
큰손, 작은손이 악기점에서 등뼈를 맞대는 곳
시간을 세워두고 악기점을 기웃거리다
한 악기점 유리창 앞에 쪼그려 앉아
달라붙은 주머니 속 돈을 세어 보기도 한다

야마하 피아노와 어깨를 맞댄 영창 피아노는 수줍다
세고비아 악기점 통기타는 겸손하다
일렉 기타점 '펜더'**는 존재 자체로 거만하다
오늘도 열정의 애호가들 손을 타는 악기들은
낙원상가에서 만나 낙원상가를 떠난다

---
* 서울 계동 중앙고등학교.
** 오랜 역사를 가진 미국 기타메이커의 일렉 기타.

낭만극장

할리우드에서 날아온 허리우드가
쓰고 버린 세월을 주워 담고 있다
4차선 도로 위 공중에 걸린
'낙원삘딩'에 세 들어 50여 년
낙원악기상가로 이름이 바뀌고도
허리우드는 할리우드로 돌아갈 생각이 없다

탑골공원에 부려진 노인들의 구부정한 어깨가
순댓국집 골목 안을 허정거린다
순댓국집에서 쏟아진 노린내에 인이 박인
허술한 창자에서 허튼 시장기가 돈다

끄윽 트림을 뱉은 헐한 배가
설렁설렁 낙원상가 4층으로 향한다
할리우드를 잊은 지 오래인
허리우드는 이곳에서
실버영화관과 낭만극장으로
여전히 건재하다

색소폰 수리점

 3층 색소폰 수리점에서 소라 씨가 분해한 색소폰 부품과 씨름 중이다. 낙원상가에 젊은 아가씨가 수리점에서 일하는 모습은 생경하다. 소라 씨는 대학에서 색소폰을 전공했다. 그녀는 졸업과 동시에 연주자의 꿈을 접었다. 숨었던 재주가 불쑥 나타나지 않을 바에야 허송세월이라 생각했다.

 엎어진 꿈처럼 자주 고장 난 색소폰을 맡기던 가게에 자신도 수리를 배우겠다며 드러누웠다. 한 달여를 유노동 무임금으로 떼를 쓰다 기어코 내락을 받아냈다. 주변 가게 사장님들과 매니저들이 괜스레 오가며 신기한 물건 보듯 힐끗거리다 말을 붙여오곤 했다. 싹싹한 소라 씨 신이 났다. 여기저기 매장의 관록깨나 있다는 청년들이 알음알음 고장 난 색소폰을 끌어모아 연신 수리점 문턱을 드나들었다.

 이제는 사장님이 신이 났다. 과로로 첫 결근을 고민하던 아침, 사장님의 곰살맞은 전화 한 통. *가게 걱정일랑 꽉 붙들어 매고 푹 쉬거라잉. 여그는 나가 어찌 해볼랑께.* 전화기에 걸려 넘어진 한숨 소리에 소라 씨는 목도리를 휘휘 둘러

매고 부랴사랴 집을 나섰다. 존 콜트레인*의 색소폰 소리가 호흡이 밀어내는 숨길을 따라 색색 바람을 가르며 귓가에 맴돌자, 소라 씨 마음이 바쁘다.

  엎어진 꿈을 불끈 세우기 위해 싹싹한 소라 씨 씩씩하게 낙원으로 내달린다.

---

* 미국 재즈 색소폰 연주자 겸 작곡가.

환승역에서

카메라 자동차 오디오
일컬어 덕질 3대장 에레보스*라 했다

단출한 턴테이블 스피커 앰프가
우퍼·트위터 스피커, 포노·프리·진공관 파워 앰프
방진 매트, 대리석 스피커 받침대에 이르면
이미 덕질 환승은 시작되었다

어쩌면 음악은 악보의 쉼표이겠다
음표의 닻이며 화석이겠다
시들한 오디오 젖빛 소리가 검문소 앞에서 몽긋거리면
올올이 풀리는 음색은 산만하다
검문소를 지나 환승역으로 가야만 한다

속여도, 속아도 꿈결 같은 변주 화음 배음
덕질 환승역에서는

---

* 그리스 신화에서 지옥을 상징하는 신.

풀잎에 바람이 살아나고
억수장마에 맑은 천둥이 건너오는데
아아, 지금은 너무 멀리 와버렸다

낙원상가의 힘

셀 수 없는 악기와 연주자와 구경꾼들
그 지독한 무게를 이고
길 위에 떠서 50여 년
세월의 풍파를 고스란히 맞은 낡은 외벽은
새로운 칠을 입고도 어둑하다

철거와 보전 사이에서
숨통이 막히길 몇 번
무던함 외에는 딱히 표정이 없는 회백색 얼굴
도심의 흉물이 될 뻔한 낙원상가가
세월을 외면하고 여태 철이 없는 것은
건물에 내재된 소리와 악기의 힘이다

음악가와 연주자가 악기를 추동하고
악기가 음악과 연주를 추동하고
음악과 연주가 시대를 추동하고
시대가 낙원상가를 추동하고
낙원상가는 새로운 음악가와 연주자를 추동한다

재즈는 장마를 부른다

장마가 지려나

들창문을 닫아야 하리

빗소리를 걸어 잠근 이곳에는

모들 재즈* Kind of Blue가

마일스 데이비스의 트럼펫 소리에 얹혀

자유로운 긴장감으로 흔들려서 좋다

멍든 장마로 채색된 오래된 낙원에는

구조에 갇힌 베를리오즈의 환상 교향곡보다

잼 세션** 재즈의 블루지한 끈적임이

어림 조화로워서 좋다

장마가 가려나

들창문을 열어야 하리

---

* 코드 진행에 맞추어 연주하는 비밥Bebop에 비해 스케일 음계를 사용하여 자유롭게 연주하는 재즈.
** 재즈 연주자들이 악보 없이 하는 즉흥 연주.

제2부
낙원으로 간다

낙원으로 간다

신촌 세브란스 병원, 암 병동 중환자실
머리맡 바이털 사인의 파동이 불안정한
폐암 말기의 한 남자가 병실에서 색소폰을 불고 있다
색소폰은 낙원에서 왔다

소리의 그물망에 갇힌 색소폰
감긴 눈꼬리를 타고 흐르는 투명한 것은
죽을힘을 다해 부는 색소폰 소리
막힌 호흡이 몸속에서 뒹군다

끝내 한 남자가 낙원으로 돌아간다
오래된 색소폰 하나 목에 걸고……
잎 나뭇가지 흔들던 색소폰 소리

한 남자가 낙원으로 간다
색소폰을 힘껏 불 수 있는 그곳
이제 낙원으로 아주 돌아간다

쇤베르크

쇤베르크의 무조음악
조성이 없는 무질서의 질서

프랙털 구조에 감금된
숨 막히는 포디움*에서
휘날리는 열두 음렬의 깃발

십이 음계의 반음을
제각기 음표로 그려 넣자
불협화음의 끄트머리에 숨겨진
화엄의 화음

눈꺼풀이 무거워 눈 비비던 관객들은
쇤베르크의 시간이 흐를수록
하나둘 초롱초롱 잠 깨어난다

---

* Podium : 지휘대.

아침, diminuendo

사막에 몇천 평 밭을 일구다 깨어
어둠이 걸린 창문을 열자
선글라스 낀 아침이 물끄러미
풀잎 위 이슬의 맑은 속살을 깨운다

지난밤, 악마의 파가니니를 만나
라 캄파넬라의 변주를 저벅이다
바이올린 소리를 쥔 채 잠이 들었다

무서리에 손금이 달라붙은 유리창
밤은 덜덜덜 굴러갔고
파가니니는 이미 죽었고
턴테이블은 뱅뱅 돌고 있다

희박한 고요 속을 뒹굴다
쌉싸름한 에스프레소 크레마에 입술을 적시고
산란한 아침노을을 기다리는 시간

유쾌한 당신을 만나러
스크램블 횡단보도를 건너는 이른 아침이
여리게, 점점 여리게

늙은 기타리스트

중앙공원 포플러 그늘 밑 단풍객 몇이 발장단을 맞추고 있다

늙은 기타리스트는 단조의 기타 소리로 단풍을 팔고 있다
늙은 기타리스트는 소리에 빛깔을 입히고 있다
늙은 기타리스트는 음률에 가을을 물들이고 있다
늙은 기타리스트는 문득 끼어드는 추억을 연주한다
늙은 기타리스트는 '미파'와 '시도' 사이의 반음처럼 예민하다
늙은 기타리스트는 듣는 자들을 막다른 골목에 세워두곤 한다

늙은 기타리스트는 낙원상가 인력시장을 평정하였다
늙은 기타리스트는 강남 휘청이는 네온사인을 밟고 다녔다
늙은 기타리스트는 빨간 립스틱의 위스키 잔에 솜씨를 팔았다
늙은 기타리스트는 새벽 해장국집에 떨어뜨린 립스틱의 속눈썹을 찾아주곤 했다

먼저 떠나간 시간이 있어, 과거가 스며드는 비애 따윈 없다
낡은 비니, 에스닉 무늬 머플러, 빨간 테 선글라스
공명하는 비브라토 소리의 물성은 남았다

늙은 기타리스트와 기타는 공원에서 함께 늙어간다

불협화음

쇤베르크의 무조음악이
불협화음으로 새로운 음악 갈래를 만들 때
스트라빈스키의 발레곡 '봄의 제전'이
불협화음으로 신선한 바람을 일으켰다

바흐의 화성적 대위법이 폭주할 때
불협화음은 마치 에니그마*의 비밀을 푸는 열쇠처럼
은밀한 은유의 초현실주의인 것처럼

우리는 어디에서 왔으며, 누구이고, 어디로 가는가**
불협화음은 선악을 넘어선 아고라포비아***의 비비추
올림사음과 내림가음은 언어상의 정의일 뿐
소리는 하나다
모든 소리는 불협화음 위에서 조화롭다

---

* Enigma: 그리스어로 수수께끼를 뜻함. 2차 세계대전에서 나치 독일이
  사용한 최고 수준의 암호기계.
** 폴 고갱의 작품.
*** 개방된 장소에서 느끼는 공포.

낙원으로 간다
― 소대

파주 보광사 지장전인 명부전
주영 형님의 49재를 지낸다
집전하는 스님께 내 졸시 한 편 낭송키를 청하였다
영전에 추모 시 '낙원으로 간다'를 바치자
하나, 둘 입술 깨무는 소리가 들린다
급기야 통곡이 법당 안 고요를 허물었다

목울대가 아려왔고 무릎이 털썩 꺾였다
극락으로 가는 목격자들
봉안된 보살들의 눈매가 만두피만큼 얇았다

그의 유품을 소대에 밀어 넣고 활활 태웠다
지장전 앞 무영탑에 합장했다
유난히 더운 8월이 소대 안에서 타고 있었다

Kind of Blue

앙칼진 시대가 부려놓고 간, 흑백의 세상에는
연일 무성영화의 필름이 돌고
신랄한 피는 눈빛 따라 흐르는데
상상 속 풍경이 다가올 까닭은 전혀 없어 보였다

검은 핏속을 타고 흐르는 오래된 절망은
뉴올리언스 담배 연기 자우룩한 클럽의 낡은 조명 아래
스윙과 블루스의 선율에 실려
눈빛에서 검은 핏물을 빼가고
리듬은 무장무애 자유롭다

마일스 데이비스의 Kind of Blue로
길 안과 밖은 하나가 되고
거리는 눈부시게 다채롭다

형식 없는 형식의 리듬은
푸른 뱀의 혀처럼 자유롭고
비르투오소의 트럼펫 연주는

모달 재즈로 진보적이다

프리 재즈를 연주하지 않았던 마일스 데이비스
소리의 부끄러움을 부끄러워하지 않고서는
재즈의 잼은 영영 연주되지 않는다

황병기

감각은 오감의 체험 속에 있다
감각은 위태로운 존재의 '너'이다
황병기의 '침향무'는 감각을 넘어선 그 무엇이다
감각하지 않는다고 해서 존재하지 않는 것은 아니다

러 · 우 전쟁* 후
유명 오케스트라의 레퍼토리에서
차이콥스키가 제외되곤 한다는 소식이 온다
연주하지 않는다고 해서 존재하지 않는 것은 아니다

내면의 감정이 감각의 허물을 벗고
수직으로 자라날 때 태초는 지나간다
'침향무'를 담아내지 못하는 서정과
차이콥스키를 연주하지 못하는 '비창'이
억압된 감각의 그루터기 주위를
위태롭게 방황하고 있다

---

* 러시아 · 우크라이나 전쟁.

음악

밀도 높은 어둠이 숲을 덮치듯
두려움이 삶을 덮쳐 올 때

두려움은 둔탁하고 음악은 경쾌하다
소리는 소음을 걸러 음향이 되고
음향은 음색을 찾아 음악이 된다

존 케이지의 '4분 33초'도 음표 없는 음악이다
실러의 시*는 베토벤의 합창을 통해
환희의 송가로 거듭났다

소리는 두려움을 어루만지고
음악은 어둠을 빛으로 이끈다
기체처럼 모호하던 소리는
음악을 거쳐 또렷한 파동으로 단단하다

---

* 프리드리히 실러, 그의 시 '환희에 붙여'.

탱고와 반도네온

부에노스아이레스에서
피아졸라가 반도네온을 연주했다
탱고에 새바람이 불었다
피아졸라의 리베르탱고*가
누에보 탱고**의 머리에 섰다

고상지***가 반도네온을 연주한다
깊은 서정의 음색은 투박하지만 날카롭다
벨로우****에서 붉은 장미가 핀다
장미를 입에 문 탱고가 춤을 춘다

탱고는 반도네온의 바람벽을 타고 온다
희망과 절망은 탱고 안에서 한몸이다
치명적인 악마의 악기 반도네온

---

* 아스트로 피아졸라가 1974년에 작곡한 탱고 곡.
** 춤으로 즐기는 고전 탱고의 반동으로 생겨난 귀로 즐기는 새로운 탱고 흐름.
*** 카이스트를 중퇴하고 반도네온 연주자로 변신한 국내 최고의 연주자.
**** 바람통, 풀무라고도 하며 아코디언처럼 생긴 주름상자.

낙원으로 간다
― 기형도

낙원상가 발치에는
파고다극장이 있었다
극장은 막을 내렸지만
건물은 '파고다타운'이라는 이름을 달고
그 자리에 서 있다

스물아홉 시인 기형도의 죽음에
극장은 방자한 바람 앞에 섰다
눈비를 맞으며 오래 서성거렸다
마침내 극장도 죽었다

스크린은 시인의 죽음을 보았다
스크린은 낯선 영화에 놀랐다
스크린은 가만히 페이드아웃 되었다

'낙원삘딩' 현판은 그대로다
파고다극장 낡은 좌석에 버려진
시인의 가방에서 시는 살아났다

기타산조*

작은 거인 김수철의 기타가 가락을 집는다
사물놀이 김덕수의 장고가 리듬을 잦힌다
광대가 광대를 만나자 풍지가 운다

기타산조
흩어진 가락을 훌쳐 장단에 녹인다
엎질러진 소리가 너울을 탄다
소리가 필라멘트의 빛처럼 살아난다

기타산조
기타는 치고 장고는 두드린다
두 광대의 손에서 바람이 인다, 소리가 운다
한 치 양보 없는 치열한 배틀이다

기타산조
높고 낮게 널을 뛴다

---

* 김수철이 작곡, 연주한 새로운 음악 장르.

빠르고 느리게 둠칫거린다
강하고 약하게 벽을 때린다

오오, 총총 여문 기타산조는
그루브와 어깨춤이 어우러지는 희한한 놀이
바다에서 건져 올린 놀라운 오아시스

슈만과 쇼팽

'슈만과 클라라'
어느 거리에서 찾아낸 카페 간판에서
두 사람의 사랑은 살아 있다
클라라를 은밀히 흠모한 브람스
그 브람스를 좋아하느냐고 사강*이 묻는다

시인 뮈세의 연인 조르주 상드의 모성적 사랑에 취한
피아노의 시인 쇼팽은
마요르카섬에서 녹턴을 연주했다
사랑하라 인생에서 좋은 것은 그것뿐이다**
화려한 파리의 여인 조르주 상드가 떠난 후
쇼팽은 죽었다

폰 메크 부인의 후원으로 탄생한 차이콥스키의 음악
코지마 리스트***의 품 안에서 꽃피운 바그너의 오페라

---

* 프랑수아즈 사강.
** 조르주 상드, 「상처」.
*** 피아니스트 프란츠 리스트의 딸.

루 살로메를 뮤즈로 아꼈던 라이너 마리아 릴케의 시
　그 루 살로메를 두고두고 사모했던 프리드리히 니체의
철학

　음악과 철학은 여인들을 거쳐 시를 만든다

낙원으로

사내는 낙원으로 간다고 했지

벌거벗은 적도의 타악기가 낙원으로
광활한 몽골의 초원을 달리던 '마두금'이 낙원으로
인도의 '시타르'가 조지 해리슨을 따라 낙원으로
일본의 '샤미센'이 엔카를 업고 낙원으로

빈 필의 신년 음악회가 낙원에서
베를린 필의 폰 카라얀이 낙원에서
사내를 기다릴 것이라고 했지

사내는 낙원으로 간다고 했지

임헌정과 금난새가 낙원에서 악단을 조율할 때
김은선이 베를린 필에서, 성시연이 오클랜드 필에서
낙원의 알리바이를 증명했지
낙원의 악기들이
낙원에서 음악으로 소리를 찾을 때

사내는 낙원으로 간다고 했다

아프리카, 아프리카

대서양과 인도양을 종단하는 검은 대륙
문명이 지도 위에 먹줄을 치고
그것을 국경이라 이름하였다

자를 대어 곧게 친 무허가 먹줄로
조각조각 나뉜 벌거벗은 땅에는
전쟁과 학살의 검은 피가 스몄다

산맥은 쪼개져 나뉘었고
강물은 갈라져 고립되었다
짐승의 허리가 선을 따라 두 동강 나고
휘어진 사람의 해골들이 나뒹굴었다
사막은 검은 피를 마시고, 모래바람은 뼛조각을 덮었다

파리 떼를 매단 앙상한 아이들이 잔물을 찾아
광막한 황야를 반나절 걸어와
흙탕물 반 양동이 겨우 채워
버려진 길을 따라 돌아갔다

국경의 밤이 까무룩 기울고
선 위에 갈라진 달빛을 기우면
인골들은 뭇별의 깃발이 되었다

네모와 세모 그리고 별
― 아들 결혼식 축시

눈부신 둥근 해가 아니어도 좋다
달무리 선 보름달이 아니어도 좋다
네모와 세모가 엉클어진
날 선 뾰족 별이면 어떠리

수십 광년 우주를 달려
궁벽한 지구 행성에 이르러
벌떡이는 두 심장에 박힌 별빛
억겁의 인연이다

오늘 생겨나 눈 시린 별에게
지구별의 비무리, 채찍비는 거세다
촉촉이 스미는 사랑으로 두려움을 이겨내라
소리는 소음이 되나 음악은 위로가 되는 곳
앞서간 백골을 더듬어 사막을 벗어나는 길을 찾아라
그리하여, 죽음의 순환은 기어이 생명의 순환이 되는 곳

아무렇게나 흩어져도 아름다운 연둣빛 별 둘이다

별은 우주가 팽창하는 한 영원한 오브제이다

어느새 거인의 발이 된 꼬막 발이

별밭을 묵묵히 헤아리고 있다

신랑 입장 끝판왕
— 아들 결혼식 유튜브

아! 쉽지 않다

도통 속내를 알 수 없는
크렘린 같은 요원 하나
드디어 장가가는 날

버진 로드에 빅뱅 대성의 '날 봐, 귀순' 한 자락이 깔린다
신랑이 와락 재킷의 단추를 풀고 둠칫두둠칫
새털처럼 가벼운 비트를 찍자, 장내가 뒤집힌다

객석은 난감하고
하객들은 혼미하다
아내 옆구리를 쿡쿡 찌르며
"참내, 오이서 저런 기 나왔일꼬" 하자
"깊이 잘 생각해 봐라" 한다

참, 쉽지 않다

'신랑 입장 끝판왕'이라는 제목을 단 짤이
유튜브 700만 뷰를 넘겼다고 소동이 났다
고개를 빳빳이 쳐들어 아내 눈에 들이밀고
"쟈는 누굴 닮았일꼬" 하자
"그래 쟤 아비는 참 좋기도 하겠다" 한다

피는 못 속인다

아들의 '신랑 입장 끝판왕' 유튜브 조회 수가 가파르게
700만을 넘었다고 소식 없던 소식들이 요란하다

소란은 아들 녀석 몫이지만
한편의 부끄러움은 오롯이 내 몫이다
"아들을 저래, 저래 키워 맨목이 없어 우짜지요?"
사돈 내외 손사래 치며 박장대소한다

나와 라이벌이었다고 막무가내로 우겨보는 허술한 기억 속
서세원, 김형곤도 웃고 가겠다
내 과거를 면도날로 쨈 친구 놈들
40년 전의 내 실존을 지금 보았노라 키득거린다

본능은 단순하다
거울 속, 아들 녀석이 나를 마주 보고 있다
지문 속으로 번지는 피의 끈적임
발가락 끝이 현기증에 어지럽다

템포 루바토*
'힘 빼고 우줄우줄 살아가거라'
나는 말할 수 없어 말하고 말할 수 없다고 말한다

내 거스러미 같은 존재
피는 못 속인다

---

* 연주자가 임의로 빠르기를 조절하는 일.

대학 시절

경기대 서세원은 실눈에 뻐드렁니다 이빨이 좋다
동국대 김형곤은 살집은 좋고 맷집은 없다 낯가죽이 두껍다
외국어대 나는 이경규보다 사투리는 차지고 말이 맵다

엄혹한 80년대에도 대학은 열렸고 판은 벌어졌다
오월은 각 대학 축제로 바람결에도 젊음이 흐른다
여대의 축제 사회를 보는 일은
장미 한 다발을 만드는 것이다

MBC '영일레븐', KBS2 '젊음의 행진'이 폭죽처럼 터졌다
영일레븐의 '행인 2'를 해보기도 하고
무교동 라이브카페 '꽃잎'에서 재야의 고수 김학래 개그를 배웠다

서세원, 김형곤은 일가를 이루었다
나는 학교로 돌아와 짱돌을 들고 거리로 나섰다
두 사람이 먼저 낙원으로 갔다

제3부

염천교

천호동

수천 호가 살만한 땅이라
천호라 불렀다
풍납토성을 끼고 앉은 개발제한구역은 납작하다

백제 위례성 안은 쟁글거린다
성 밖은 어슬막이다
토성 밖은 아파트가 치솟는다

염천교

서울역에서 서부역 쪽으로
오래된 염천교를 건너면
염천교 수제화 거리가 있다

에스콰이어, 금강제화의 구두는
유리 진열장에서 눈부셨다
번쩍이는 구두여, 너의 행복이여
수제화 거리 구두는 발들의 곳간이었다!

검정 교복에 학생 구두가 유행이던 때
나는 사촌 형의 낡은 구두를 얻어와
남천제화에서 뒷굽을 갈고 터진 곳을 꿰매고
물광을 내어 덜렁이며 끌고 다녔다

양화점 유리문을 열어젖히면
그 알싸하던 가죽과 본드 냄새
목포에서 왔다는 제화공의 손끝은
가죽 칼의 예리함과 오공본드의 접착력에
시꺼멓게 갈라져 터지고 있었다

횡성

내게 가을이란 것이 찾아와
다디단 단풍 그려주길래
색색의 바람 불어주길래
쓸쓸한 마음 깃을 치길래

물든 가을 속을 한달음
횡성으로 달린다
'횡성축협한우프라자'에서
투뿔등심을 먹는다
황갈색 단내가 사르라니
입속에서 녹는다

횡성의 어느 축사에는
종일 클래식 소품이 솜사탕처럼 달콤하다
노란 귀표를 단 황갈색 소들은
조사료와 여물을 되새김질하며
얌전히 누운 털의 빛을 일으킨다
순하디순하여 딱한 왕눈이

클래식 음악에 푹 젖어 스르르 감겨온다

'한우프라자'와 축사 사이의 거리는 한 뼘
횡성의 어느 소들이
이 누그러진 시간을 잠시라도 누리지 못한다면
한 편의 슬픈 가을 동화겠다

강릉 안목항

저무는 안목항
불그레한 양말을 신은 노을이
희붐한 구름에 조각나고 있다

팽팽히 잡아당겨 튕긴 먹줄로
탱탱한 수평선이 또렷한 저기, 저기
불붙은 어화 넌출사위가 부표가 되어
막막한 바다의 끝인사를 한다

베어진 수평선 너머로 버려진 바닷물은
폭포처럼 쏟아져 허공을 날거나
지구를 엎어놓고 온몸으로 헤엄쳐
갈라파고스섬 사이로, 동해 강릉 안목항으로
그리움의 어귀를 골골이 찾아 헤매리

달이 아우르는 중력의 상처와
빈 하늘에 걸린 별빛의 단상과
모래밭에 젖은 발을 말리는 파도에

산미 풍성한 에스프레소 더블 샷은
엷은 염전 향에 스치운다

안목항에서, 게을러 농밀한 하루는
잠시 정념의 모서리를 다듬는
투명한 침묵의 빗방울이다

밤가시마을

정발산* 끝자락에는 밤가시초가 한 채가 서 있었다

밤 가시와 밤나무가 성가셨던 마을 사람들은
발톱을 세운 밤나무로 초가를 지었다
고집 센 옹이가 목수의 대패질을 거슬렀다
안마당 열린 지붕으로는 둥근 하늘을 들였다
꽃비 내리는 날이면 마을은 밤꽃 향기로 비렸다

어느 여름 행주대교 북쪽 제방이 터졌다
정발산 자락에 뻗쳤던 밤가시마을이 와락 궂은비에 잠겼다
일대에 거대한 콘크리트 구조물들이 첨탑처럼 솟았다

정발산 자락이 싹둑 잘려 나가고 밤가시마을은 거꾸로 묻혔다
마른버짐 핀 야트막한 언덕 하나 겨우 남았다
그 언덕 끝자락에 밤가시초가가 한 채가 덩그러니 서 있었다

---

* 고양시 일산동구 정발산.

옥탑방

딸깍딸깍, 주인아주머니 슬리퍼 소리에
비좁은 골목길 전봇대에 걸린
전깃줄을 제멋대로 이고 선 옥탑방
녹슨 젊음 하나 쪼뼛쪼뼛 발목이 잡혔다

"워째?"
"며칠만……"
무릎이 먼저 마중 나간 추리닝 바람에
가시광선 퍼붓는 눈빛에 구멍 난 낯짝
마른침 삼키며 우물우물, 중얼중얼

"워짜쓰까잉"
플라스틱 슬리퍼가 한숨을 물고 계단을 터벅터벅
그제야 천변을 내달려 온 상그러운 불빛

냉기 탱천한 한 뼘 옥탑방에서 요래조래 뒹굴다
고조곤히 녹슬어 가는 오늘 또 하루
뒹군 만큼 값하는 어제 낸 월세

서울역 서부역

서울역에서 염천교를 건너
서부역을 마주한 중림동
구불구불 후미진 골목에
바짝 엎드린 여인숙 몇 개 널려 있었지

낮에도 어둑발이 내린 그곳 시멘트 담벼락에
새빨간 립스틱 몇이 짝발로 기대어 있었지
야윈 태양을 인 추레한 그림자가
힐끗, 립스틱 색깔을 고르는 것인지
몇 차례 골목을 어슬렁거리다
시멘트 담벼락에 얼비친 자신의 그림자를 보았지

행간에서조차 표정을 숨겨버린
하, 부끄러운 자화상을 새긴 담벼락 위를
검은 고양이 한 마리가 지나갔지
립스틱 껌 씹는 소리가 딱딱 담벼락을 치며
싸구려 향수 냄새가 팔짱을 끼자

얼굴 없는 그림자는 낮은 여인숙 처마 밑으로 미끄러져
갔지
　서울역 앞 비좁은 골목에도
　서부역 앞 후미진 골목에도
　여인숙과 립스틱이 서로 기대어 살던 그런 때가 있었지

동백 숲에 붉은 입술

내레이터 언니들과 스스럼이 없어
나는 모름지기 여자라고 우겨 왔지만
언니들의 짧은 치마 속 손바닥만 한 속바지에
자꾸 속눈썹이 뒤집히는 걸 보면
내 성별도 아주 판명한 것은 아닌가 보아요

풋눈 내리거나 찬비 오는 날
짧은 치마에 줄무늬 스타킹 하나
얼어붙은 입술에 파리해진 마이크 소리에도
신명내어 수술을 찰랑찰랑, 엉덩이를 씰룩씰룩
나도 따라 흐물흐물 관절을 꺾어 보지요

잠시 짬을 낸 휴식 시간
구석진 간이 난로 옆으로
언니들이 종종 모여들면
붉은 동백 군락지처럼 화사해져요

뭉툭 발로는 갈 수가 없어

으라차차 허둥대는 처지는 짠한데
마음만 동백 숲에 붉은 입술 하나 보태고 와요

하루 인연 언니들이
저녁 거리 노을 지고 조명 꺼지면
덮어쓴 화장 지울 새도 없이
봉고차로 총총히 사라지는데
낡은 트럭 한 귀퉁이에 폭삭 주저앉아
키 작은 인사조차 건네지 못하는
나는 키다리 풍선 인형이랍니다

키다리 풍선 인형

개업 행사 요란한 어느 카페 입구
내레이터 모델 언니들에 비껴선
키다리 풍선 인형이
밀려드는 바람을 끌어안고
공옥진*을 추고 있다

키다리 풍선 인형이
진즉에 카프카를 만나
「학술원에의 보고」** 주인공이 되었더라면……
원숭이 빨간 피터는
해가 풀린 하늘을 자유롭게 나는 손오공

꿈의 마디를 꺾어
날리는 바람구두 신고
〈빨간 피터의 고백〉을 만나러
삼일로 창고극장으로 향하는 키다리 풍선 인형을 그려

---

* 곱사춤의 명인.
** 카프카의 단편. 〈빨간 피터의 고백〉이라는 연극으로 알려져 있다.

본다
　이방인의 생각 더미에서
　하루치 삶은 잿빛 꿈과도 같아 서럽다

　행사장 조명이 사위자
　돌돌 말린 키다리 풍선 인형은
　트럭 위 한 뼘 공간에서 넝마처럼 구겨진다

마음에 푸른 이끼

회전목마 사랑에 지친 그대여
밤이 넓어 우두커니 쓸쓸하거든
와서 나하고 놀자

학교 앞 '곰집' 고갈비에
양은 주전자 막걸리 몇 잔
기억을 저당 잡힌 헐한 명세서라네

파르르 숨결 코끝을 간질이면
그리움 맞닿을까 수줍게 다문 입술, 까무룩

저녁 어스름처럼
남은 기억은 해 뒤로 숨었네

내 것이었던 사랑과
그대 것이었던 운명

두려움 뒤에 오는 목마름인지

기억은 그렇게 가벼웠지만
회상은 아름다운 것이었다네

물레방아 사랑에 권태로운 그대여
아직 마음에 푸른 이끼가 자라고 있거든
와서 나하고 놀자

이팝나무 샴푸 향

해무로 아득한 바닷가
민박집 문을 열고 나선다
기억 끝에 매달린 화한 이팝나무 샴푸 향

앞서가는 여인에게
열린 섬으로 가는 길을 물었고
둘은 가만가만 동네 고샅길을 걸었다

물때 맞춰 열리는 섬에서 돌아와
마주친 여인의 찰랑이는 머리카락에서는
이팝나무 샴푸 향이 났다
그날 밤,
외벌 창호지 문짝 하나 덜렁이던 민박집 방 안은
달빛도 몰래 이팝나무 향으로 그득했다

눈발 날리는 열린 섬을 둘러 오는 길
바람에 눈을 비비고 서 있는
어느 여인의 머리카락에서도

이팝나무 샴푸 향이 났다

기억 속 여인의 소식을 물었다
내 우울증의 애인은
삼 년 전 열린 섬으로 들어가
아주 돌아오지 않는다고 했다

자작나무가 말했다

삿포로에서 12번 국도를 타고 동북으로 달리자, 자작나무의 고장이었다
자작나무는 밑동을 눈 속에 파묻고 가지로 눈꽃을 피웠다
하얀 줄기 사이로 반짝 햇살이 사위어 갔다
차창에 매달린 풍경이 저무는 어둠을 말고 있었다

그녀의 손등을 가만히 쓰다듬자, 온몸이 하얘졌다
그녀의 한쪽 어깨를 살며시 보듬자, 눈사람이 되었다
그녀의 입술을 가만히 스치자, 눈꽃 핀 자작나무가 되었다

자작나무의 고요함과
자작나무의 쓸쓸함과
자작나무의 버석한 질감
마침내 자작나무가 하얗게 깊은숨을 토했다

자작나무가 말했다
마지막 겨울밤은 너무 짧아, 아침이 부끄러울 거야
두꺼워진 마음의 벽을 차경 속으로 밀어 넣었다

눈 오는 밤은 바람도 잦았다
시레토코반도 앞 유빙을 품고 불어오는 바람은 찼다

해바라기

내가 엄마 집에 가는 데는
지구 한 바퀴를 돌아서 간다

엄마 내 집에 오는 데는
반나절이 채 안 걸린다

엄마는 어두운 귀 밝히는데
나는 밝은 귀가 어둡다

만개한 해바라기는 해를 쫓지 않는
순연한 엄마 얼굴이다

사위어 가는 해바라기는
태양을 쫓는 어린 해바라기에
절대적 허공을 내어주고 툭 고개를 꺾는
태양의 꽃이다

엄마와 내 집 사이의 거리는 멀고도 가깝다

몽당연필

　가두리 유리병 속, 검은 혀를 뾰족이 내밀고 날것으로 서 있다 경계를 뒹굴며 짜릿했거나 아릿했던 시간을 훔치고 있다 여일한 날 빛을 그리다, 꿈을 쓰다, 그림자를 쫓다, 희망을 팔던 구붓한 일각에 몽땅해진 몸뚱이가 속절없이 야위어 가고 있다

　넋두리 한 묶음, 허공 한 자락 다 내어주고 해고된 정수리에는 질퍽한 울음 같은 것들이 숨어 있다 어르고 기르던 말 같은 것들이 죽어가고 있다 철없이 무디어 간 사금파리 같은 것들을 품고 있다

　혀가 검은 피를 쏟아내고 있다 투명 유리병 속 그득 고이고 있다 쉬이 잠 못 이루는 밤을 태워 부서진 날의 고비를 넘고 있다 자중자중 미쳐 갈 그날을 기다리고 있다

　줄임표 앞에서 하나, 둘, 셋 그들은 징검돌을 건너고 있다

제4부
석굴암

석굴암

먼 그대의 수척한 날들 위를 걸어 다니다니요
먼저 시의 자리를 차지하고 말았다니요
벌써 그 시를 깊은 눈으로 바라보고 있다니요
그 은밀함을 빼앗아 버리다니요
다 털어버리고 앙상함만 남겨두다니요

몸이 없는 것은 가볍습니다
냉혹한 현실을 보았습니다
느닷없이 우두커니가 되었습니다
끝내 침묵으로 말하게 되었답니다
마음의 상처가 깊었나 봅니다

그대의 적묵
내 안의 관음증

조안공원묘지

시간에 기대어 오래된 몸
백단향 향불 속으로 걸어 들어가는 것은
간단명료했다

황황한 목소리로 내게 약속했던
이마 주름 펼 보톡스 비용 오만 원
두고 간 약속이 되어 허공에 걸렸다
푸른 정맥이 돋은 바삭한 손으로
문지르고 문지르던 허공
약속은 붉게 타올랐다

꼬옥 안으면 꿀이 뚝뚝 흐르던 심장에서
붉은 피 꺼내어 주던 젖가슴
날카로운 혀를 다듬은
열 곱의 배례로도 텅 비어 참혹하다

몇 번의 밥을 같이 먹고
몇 번의 여행을 함께 하고
몇 번의 웃음을 나누었다고

염하는 날

낡고 헌 몸뚱이를 무연히 내어주자
씻기고 빗기고 베옷 입혀
꽁꽁 동여매는 손길이 바람 같이 재다

오롱조롱한 민망함이 줄렁줄렁
업혀 와 관 속으로 숨는데
집에 두고 온 잠은 오지 않고
과연 슬프기만 하구나

고단한 어깨를 겯고 비척이며 걸어온
연잎같이 안온한 아내와
다글다글 내어놓은 새끼들과
수없이 많았던 지금이 끝나는 시간

울컥,
가난처럼 질긴 설움은 떠나지 않고
바위처럼 단단한 무수한 기억의 반동에
인제 그만 비통한 방의 문을 닫고 싶어라

잘 사랑해 준 사람들아
담박한 인연의 광주리에
저절로 한가로운 꿈을 담아
캄캄하게 밝아오는 별을
비로소 땅에 묻어야 할 시간이다

기억을 잃자 상여가 와요

고롱고롱 재색 구름이 덮이고
캄캄한 그을음이 기억 위로 쏟아져요

삶의 알리바이가 혼재하고
밥과 똥의 분별이 사라져요

당신 몫의 신음을 퍼다 나르면
달뜬 이야기들의 언저리에
곤고한 줄거리가 생겨나지요

풍금 페달을 밟던 뒤안길로 우련
자클린 뒤 프레의 첼로 소리, 그늘 몇 낱
뒤섞여 여운 서렸다지요

기억이 사라진 빈자리로
허기진 그 무엇이 그악스럽게 달려와요

쪽창 너머 천둥이 젖듯

억수 속 잎맥이 소망을 접듯
수척한 기억이 미끄러지자
물끄러미 상여가 고개를 내밀어요

요령잡이 앞세운 상여꾼을 따라
저기 저 꽃상여가,
깊고 푸른 꽃상여가 오고 있어요

납골당

낙엽 같은 여인의
서랍 속 오열이 터진다

틀어쥔 손수건에
맑은 코를 팽 푼다

여인의 아랫배가 불룩하다

너란 놈, 기어이 먼저 갔구나
얼마나 뜨거웠을까
뱃속 핏덩이가 눈에 밟혀 눈이라도 감았을까

여인의 시선은 멍하게 날고
넋두리는 잿빛 공기에 얹혀
무겁게 납골당 안을 떠돌았다

까무룩 주저앉았던 여인은
살아남은 소방관들의 눈물을 밟으며
낮은 걸음으로 떠났다

중림동
— 몽유병

약현성당을 지나 중림시장 비탈을 오른다
퍼런 방수포에 싸인 도자 이모네 좌판 근처

도자 이모는 이곳 좌판에서 깐 조갯살이며 비린 생선을 판다
동생은 오이지 같은 도자 이모의 손을 보며 훌쩍이기도 한다

동생은 꿈속, 두꺼비집이 내려가 나왔나보다
겉옷을 씌워 데려와 온기 남은 이불 속에 밀어 넣는다

너의 1주기
— 곡, 황인수

안양에 있는 사찰, 보장사 영각당에 갔다
작년 이맘때 스스로 이승의 흔적을 지운 너의 1주기다

영각당 2층 좁고 쓸쓸한 너의 납골함
아내와 딸 셋의 사진이 저녁만큼 어둡다
백팩에 담아 산천을 쏘다니던 동반자 쿠니*의 이름표가
덩그러니 홀로 외롭다

그래 잘 있었느냐? 다 잊고 사느냐?
여태 묻어둔 이야기 여미지도 못하고
낯선 이방인으로 떠도는 것은 아닌지……

몇 놈 추려서 먼저 왔다 간다
유골함에 새긴 네 이름 석 자가 그리 멀지 않아 보여
부재에서 느끼는 생존의 고통만 격렬하다

---

* 키우던 강아지 몰티즈의 이름.

풀꽃 향

아기에게서 나는 애기 향기
살갗에 스민 엄마 내음
젖 내음 분유 내음 젖은 기저귀 내음
돌아서면 코끝 매운 풀꽃 향이다

아기 눈 속에 내 얼굴 통발처럼 들이밀면
맑은 유리알 뽀드득 눈길 맞춘다
낯선 아빠 큰 바위 얼굴
옹알옹알 잔소리깨나 하다
또르르 미소가 살결 위에 구른다

엄마 젖 배불리 먹고 기분이 좋구나
까악까악 우주복 입고
꼬물꼬물 진공 속에서 춤춘다
아구아구 하루해가 짧구나

가고 없는 날
— 사진사 영길

바람 부는 날
들판에서 무채색 바람을 찍었다
바람 지는 날
묘지에서 흑백 바람을 담았다

바람 사진을 보낼 테니
너의 사진을 보내다오

사진 속
바람은 있고
바람은 없고

사진 속
너는 있고
너는 없고

나뭇잎 날리고 들꽃 흔들던
살갗 스치고 머리카락 날리던

사진 속에서
바람의 곡조는 자고 운명처럼 너는 죽었다

기어이 너의 빈자리를 채워야만 한다면
사진 속에서……

Gracias A La Vida

Gracias A La Vida
"삶에 감사해요"

칠레의 비올레타 파라가 불렀다
아르헨티나의 메르세데스 소사가 라틴 아메리카를 울렸다
미국의 존 바에즈가 문명을 향해 노래했다

Gracias A La Vida
"생에 감사해요"

험준한 안데스의 대자연에 스민
인디오의 치명적 우울과 상실
인디오에게 음은 숨결이었다
인디오에게 악은 놀이였다

Gracias A La Vida
"인생이여 고마워요"

체포 망명 귀국 후
메르세데스 소사는 다시 노래했다
소리는 깊고 낮은 영혼을 담았다
부에노스아이레스는 젖었다

Gracias A La Vida
"모든 것에 감사해요"

여태 이스마엘은 고래 이야기를 한다

지옥 문턱에서의 사흘
과연 에이허브*에게 신은 없었습니다

벼리던 모비 딕과의 조우는
서로에게 녹슨 애증의 안트로포비아** 같아
박자를 쪼개어 그루브를 타는 그들에게
삶은 한바탕 죽음의 놀이였습니다

광막한 바닷속 에이허브의 묘혈을 파고
쓸쓸한 작별을 예비하는 대양의 지배자
작살에 걸린 등뼈에 피의 윤슬을 업고
파란 하늘로 솟구치는 모비 딕

조각난 피쿼드호의 잔해가 떠다니는
시퍼런 대양을 가르며
유유히 흔적을 지워가는 붉은 너울 한 줄

---

* 허먼 멜빌, 『모비 딕』.
** 베르나르 베르베르 : 상대에 대한 병적인 공포.

"내 이름을 이스마엘이라고 해두자"*
유일한 생존자 이스마엘은
향유고래 모비 딕과 에이허브 선장의 참혹한 이야기를
지금껏 전해주고 있는 것이지요

---

*『모비 딕』의 첫 문장.

피에타

재래식 무기의 강렬한 파열음
낙오된 소년병의 머리 위로
고막이 찢어진 비둘기가 피 흘리며 날고 있다
허기를 움켜쥔 손톱 밑 잿빛 그을음
전쟁을 칠한 얼굴에 죽음의 그림자가 스치운다

총을 거꾸로 멘 우크라이나 소년병에게
조국은 더 이상 의미가 아니다
절망이 파편처럼 날리던 날
소년의 찢긴 시신을 보듬고
어미는 처절한 고통으로 무너져 내린다

죽어도 좋고 살아도 좋은 이름은 없다
난무하는 포성에 여백을 잃은
어미의 거룩한 모습에서
미켈란젤로의 슬픈 피에타를 본다

가을 수수밭

이른 새벽부터
저문 나절을 지나
나 홀로 게으른 길
가을 수수밭 위에 서다

해님 달님의 어린 동화 속
피로 물든 붉은 수숫대
사부랑삽작 바람에도 엷은 입맞춤
그 한적한 무덤 위에 서다

길 없는 가을 수수밭
해설피 돌아앉은 풍경 짚고
까마득한 닻별 오르면
먼동까지 가을 단잠 붉게 떠돈다

나도 따라 붉은 수숫대에 머리 기대어
어제 잔 잠 오늘 다시 자다

곡두*

오, 나의 페르소나
육중한 감정에 휘둘린 말의 고삐
너는 염결한 조각들을 끌어모아
빛과 소리로 오는 마음들로만
그렇게 오는 마음들로만
시를 써보렴

곡두의 낯선 파편들이 헐렁하게 웃고
페르소나의 페르소나 뒤에 숨은
내 심장에서는 피가 새고 있어

눈부신 시 한 줄 번쩍이는 순간
담벼락에 머리 찧는 그림자 하나

늦은 밤 자판 앞에 앉아
혼곤한 기억을 불러내는 일이란

---

* 눈앞에 없는 것이 있는 것처럼 보이는 것.

어둠이 다치지 않게
상처가 덧나지 않게
멍징한 내력조차 아득해지는 일이지

봄밤

굼뜬 진눈깨비 흔들어 재촉하지 말라
어린 봄이 저만치 재잘거리며
느릿느릿 움 틔우며 오고 있느니
사나운 애착* 부리지 말라

나뭇가지에 대롱대롱 매달린 봄따라
연두색 플란넬 셔츠 입은 봄밤이
느닷없이 별처럼 쏟아질 날을
눈시울 붉히며 기다리지 말라

노을 진 산마루 봄 이불 덮으면
우르르 몰려나온 가로등 불빛에
바람비 주룩주룩 꽃대를 세우고
몸을 내다 파는 애꿎은 가로수
그 철없는 가지를 나무라지 말라

---

* 비비언 고닉, 『사나운 애착』.

뚜벅뚜벅 걸어 나온 아침이슬에
색색이 모여든 햇살 속, 초록 핏줄로 터지는
봄밤을 채찍질하지 말라
봄밤도 잠시 낮잠 들 시간이다

페르난두 페소아

하늘이 열렸다
무더기 비가 퍼붓더니 강물이 뒤집혔다

한강 수변공원 인공구조물들은
머리만 간신히 내밀고 있다
등뼈가 훤히 드러난 산간지방에는
산사태가 나고 토사가 덮쳐
가옥이 묻히고 도로가 잘렸다

해마다 일어나는 일이고
올해도 가늠된 일이었다

밀려난 토사 사이로
개미 떼가 기다란 띠를 이루어
벌써 새집을 짓기 시작하는데
군집의 질서는 정연하고 노동은 옹골차다

장마는 해마다 온다

개미 떼의 군집 노동은 일상이거니와
애써 예감 없는 우리에게
무너지고 쌓는 일의 무한 복제는
리스본의 페르난두 페소아
그 허구적 불안의 마법 같다

"누군가가 우리의 삶으로 우리를 때리는 것 같다"*

장마는 내년에도 다시 온다

---

* 페르난두 페소아, 『불안의 서』에서 차용.

동시

엄마의 젖을 물고는 도리질을 치다
라일락꽃 얼굴에 붉디붉은 꽃물 듭디다
휘우듬한 허기에 칭얼거리다
젖병을 물고서야 겨우 호젓해집디다

뒤뚱거리다
타박타박
저벅저벅
뚜벅뚜벅
아이가 여흘여흘 걸어 내야 할 동동 발자국

하룻밤 새에도 디딤발이 꼬이고
발자국 기댈 담벼락은 앙상한데
겨우 한 발 내디뎌 떠나는 엄마 젖

아이야, 아이야

빗줄기 허리 가늘어지거든

처마 밑 저무는 댓돌 딛고 한 걸음
바람난 풍경소리 걸어두고
어둡고 흐린 불화 속을 또 한 걸음

이강의 시세계

낙원, 음악이 추동하는 삶의 장소

이병국

(시인, 문학평론가)

낙원상가

    서울시 종로구 삼일대로 428, 혹은 낙원동 284-6번지. 현재 '낙원악기상가'가 정식 명칭이지만 여전히 '낙원상가'라고 불리는 곳. 1967년에 들어선 낙원상가는 한국 주상복합 1세대를 대표하는 건물이자 세운상가와 더불어 근대적 상가 건물로 손에 꼽히며 서울을 대표하는 랜드마크였다. 여기서 '-였다'라는 과거시제를 사용하는 이유는 낙원상가가 더는 랜드마크로 기능하지 않기 때문이라기보다는 건물의 노후화만큼이나 과거의 영화가 그저 오래전의 것으로, 추억 속의 그 무엇으로 더 기능하기 때문일 것이다. 물론 이는 낙원상가의 특화된 목적성, 이른바 악기상가로 자리매김하면서 악기를 둘러싼 거래를 포함하여 음악인력시장으로 그 역할을 수행한 바에서 비롯된 점이 없지 않다.

지리학자인 이-푸 투안은 저서 『공간과 장소』에서 공간과 장소의 의미를 구분하면서 공간(space)은 개방되어 있는 곳으로 미래를 제안하고 행동을 촉발하며 확립된 인간적인 의미들이 고착화되어 나타나는 형태가 전혀 없는 반면 장소(place)는 개방되어 있지 않고 인간화된 공간으로 기존의 가치들이 내재된 평온한 중심지라고 하였다. 공간은 장소보다 추상적인 개념이며 우리가 그곳에 기억과 가치를 부여함으로써 그곳은 구체적 장소로 의미화된다. 공간과 장소의 개념은 각각의 의미를 규정하기 위해 서로를 필요로 하며 우리는 장소의 안전과 안정을 통해 공간의 개방성과 자유, 위협을 인식한다. 공간이 '움직임'이 허용되는 곳이라면, 장소는 '정지'가 일어나는 곳이다. 움직임 중에 정지가 일어난다면 그 위치는 공간에서 장소로 바뀐다. 역시 지리학자인 에드워드 렐프의 『장소와 장소상실』의 구절을 인용하면 장소는 객관적 공간에서 존재가 경험하는 모든 의미의 중심이자 의도와 목적의 초점으로 이해될 수 있으며 일상적 생활공간의 맥락 속에서 의미 있는 경험의 중심이 된다.

이를 낙원상가에 대입하여 설명해 보자. 낙원상가의 출발이 무엇이든 그것은 최초, 모두에게 개방된 열린 공간으로 경험되고 이것이 오랜 시간에 걸쳐 기억과 가치가 부여되면서 개별 존재에게 의미와 평온의 중심이 되어 장소화된 것이라 볼 수 있다. 낙원상가가 수많은 다른 상가와 변별을 갖는 지점이 여기에 있다. 50여 년에 걸친 낙원상가의 역사는 존재의 거주 장소로서 우리의 정체성의 토대로 자리매김하였다. 공동체와 장소 사이의 관계는 매우 밀접해서 공동체가 장소의 정체성을, 장소가 공동체의 정체성을 강화시킨다. 그리고 이는 개인 상호 간의 어떤 공통된 믿음에 기반을 둔 가치의 표출이자 관계 맺음의 중심으로 기능하게 되어 낙원상가를 우리 삶에서 독특한 의미와 가치를 지닌 장소로 여기게끔 한다. 그리고 그곳에서 이강 시인은 하나의 현이 지닌 파장이 "파동을 만들고/ 파동은 울림을 만들고/ 울림은 소리를 만"(「낙원악기상가」)들어 공통의 정체성을 형성하는 과정을 포착하여 이를 시로 형상화하고 있다.

시간의 바깥에서

주지하다시피 낙원상가는 1960년대 말 건설되고 1970년 말 낙원악기상가로 전환되어 1980년대부터 본격적인 악기 상가로 자리매김했다. 오랜 시간이 지났지만, 여전히 그곳은 "250여 개의 악기점이 남아 있"으며 "클래식과 대중음악 악기가 공존"하는 곳이다.(「커스텀 악기」).

팝과 로큰롤은 한 시대 문화의 펄럭이는 깃발이었다
에릭 클랩튼과 지미 페이지
지미 헨드릭스의 신들린 기타 소리에
광기 어린 사람들이 머리채를 흔들었다

블루스 록에서 하드 사이키델릭 프로그레시브 록까지
깁슨의 레스폴을 연주하는 지미 페이지의
Stairway to Heaven에 시대는 열광했다
신중현도 사이키델릭 록을 연주했다

낙원상가는 어울려 단순하다
복작거리는 기타 매장들 틈새에서
다른 악기들도 침묵으로 말할 수 있다

그윽한 유키 쿠라모토의 피아노
싱싱한 자클린 뒤 프레의 첼로
경쾌한 로비 라카토시의 바이올린
절정의 하늘 묵직한 바다 머플러 터진 올드카
낙원상가는 씩씩하게 행진 중이다
— 「낙원상가 — 신들린 기타 소리」 전문

  한 시대를 풍미한 "팝과 로큰롤"뿐만 아니라 고전이랄 수 있는 클래식 음악까지 모든 장르가 낙원상가에서는 조화롭게 어우러진다. "복작거리는 기타 매장들 틈새에서" 다른 악기 매장들도 소외되지 않고 "침묵으로 말할 수 있"는 장소가 낙원상가인 것이다. 그럼에도 시절이 변해가면서 사람들의 발걸음이 예전 같지는 않아 보인다. 신중현과 김태원, 김종진이나 홍서범을 비롯한 에릭 클랩튼, 지미 페이지, 지미 헨드릭스는 낙원상가가 지닌 과거의 영광을 현재로 가져오지 못한다. 그렇기 때문에 "쪼그라진 낙원상가는 힘에 부"(「낙원상가 — 신중현」) 칠 수밖에 없다. "악기 애호가들의 기울어진 마당"(「낙원상가」)의 한계는 명확하다. 인간이 세계와 맺는 관계의 기초로서 장소는 사람들이 전면적으로 참여하지 않게 되면 언제든 변화할 수 있고 덧없는 것이 될 위험이 농후하다. 에드워드 렐프의 표현을 다시 빌려 말하자면 우리가 축적한 시간은 보통 우리의 장소 경험의 일부이다. 이 경험들은 끊임없는 변화와 계속성에 묶여 있다. 장소 그 자체는 과거의 경험과 사건의 현재적 표현이자, 미래에 대한 희망의 현재적 표현이라서 무엇보다 지속성이 중요한데 신자유주의적 자본주의 체제가 굳건히 자리한 오늘날의 낙원상가는 개인이나 공동체의 생활과 가치보다 추상적, 경제적, 공공적 이익을 강조하는 시대의 편협성으로 인해 그 의미를 잃어가고 있는 것이 사실이다.

 그럼에도 이강 시인이 "낙원상가는 씩씩하게 행진 중"이라고 말할 수 있는 것은 낙원상가를 경험한 이들이 여전히 개인으로서 그리고 공동체의 일원으로서 그곳에 속해 있다는 장소감을 지속하고 있기 때문이다. 도시 개발의 명목으로 "길 건너

세운상가 기둥 한쪽이 뽑히"(「낙원상가로 가자」)는 상황은 "절정의 하늘 묵직한 바다 머플러 터진 올드카"를 "탑골공원과 맞닿은 길거리"에서 "장기와 바둑 삼매경에 빠져 있"는 노인들의 "겹주름"(「낙원상가 – 신중현」) 정도로 만들어 버린다. 그것은 경제 발전과 공간 계획의 권한을 가진 국가 폭력의 양태로 의미와 가치의 중심지인 장소를 획일화하고 특정한 취향과 유행을 강요함으로써 개개의 장소들을 피상적이고 판에 박힌 이미지로 전유하여 사회 및 경제 활동이 이루어지는 불명료하고 불안정한 배경으로 전락시킨다. 그리하여 '낙원떡집', '낙원식당'을 비롯해 '허리우드 극장'과 '인력시장' 등 그곳을 중심으로 구축된 생활의 층위를 익숙하여 변하지 않는 궁색하고 추한 것으로 치부하곤 지워버리려 든다.

  그럼에도 "반려악기를 찾는 걸음들이 총총하고/ 온갖 음표들의 주머니가 모이는 곳"(「낙원상가로 가자」)인 낙원상가는 "엎어진 꿈을 불끈 세우기 위해"(「색소폰 수리점」) 노력하는 이들의 현존으로 "여전히 건재하다"(「낭만극장」).

    셀 수 없는 악기와 연주자와 구경꾼들
    그 지독한 무게를 이고
    길 위에 떠서 50여 년
    세월의 풍파를 고스란히 맞은 낡은 외벽은
    새로운 칠을 입고도 어둑하다

철거와 보전 사이에서

숨통이 막히길 몇 번

무던함 외에는 딱히 표정이 없는 회백색 얼굴

도심의 흉물이 될 뻔한 낙원상가가

세월을 외면하고 여태 철이 없는 것은

건물에 내재된 소리와 악기의 힘이다

음악가와 연주자가 악기를 추동하고

악기가 음악과 연주를 추동하고

음악과 연주가 시대를 추동하고

시대가 낙원상가를 추동하고

낙원상가는 새로운 음악가와 연주자를 추동한다

―「낙원상가의 힘」 전문

 흔히 말하는 역사와 전통, 그것은 익숙하여 변하지 않는 궁색하고 추한 과거의 유물이 아니다. 오히려 미래로 향하는 주춧돌이자 도약대라 할 수 있다. 이를 단순한 경제적 논리를 들어 외면하는 일은 옳지 않다. 우리의 삶과 멀리 떨어져 저기에 존재하는, 우리와 상관없는 것으로 경험되는 장소는 부정적이고 끔찍한 신화일 따름이다. 물론 낙원상가 역시 근대 주상복합 건물로 지어졌던 초기에는 의도된 합리성의 관점에서 창출된 부조리한 것으로 삶과 유리된 이질적이고 무감각한 것으로 경험된 것이 사실이다. 그럼에도 그곳을 둘러싼 사람들의 경험 방식으로 인해 독특한 장소감을 지닌 정체성을 획득하게 되었다. "셀 수 없는 악기와 연주자와 구경꾼들/ 그 지독한 무게를 이고/ 길 위에 떠서 50여 년"의 역사는 우리들의 장소 경험에 연속성을 부여해 왔다. "세월의 풍파를 고스란히 맞"아야 했기에 "숨통이 막히길" 여러 번, 그리하여 "무던함 외에는 딱히 표정이 없"게 되었지만, "건물에 내재된 소리와 악기의 힘"으로 "세월을 외면하고 여태 철이 없는" 존재의 정체성을 낙원상가가 지닐 수 있었던 것은 그러한 사람들의 연속된 장소 경험에서 비롯된 것이다. 내부적으로는 개별적이지만 많은 사람이 공감할 수 있는 상호 주관적이고 개인적인 경험으로부터 "음악가와 연주자가 악기를 추동하고/ 악기가 음악과 연주를 추동하고/ 음악과 연주가 시대를 추동"해 왔음을 외면해서는 안 될 것이라고 시인은 분명한 목소리로 말한다.

Kind of Blue

이강 시인은 '낙원상가'를 통해 장소가 지닌 시간의 누적된 힘을 발견하고 이를 형상화함으로써 그곳을 중심으로 존재의 가치를 사유한다. 그리고 그로부터 확장된 인식을 시집의 다른 시편들로 이어간다. 2부의 첫 시 「낙원으로 간다」는 같은 제목의 다른 시 「낙원으로 간다 — 소대」에서 알 수 있듯이 "주영 형님"의 죽음을 추모하는 시로 보인다. "폐암 말기의 한 남자가 병실에서 색소폰을 불고 있"는 장면을 그려내어 연주자와 악기가 각각 추동하는 삶의 층위를 애도의 방식으로 풀어내고 있다. 시인이 전유하는 '낙원'은 그것이 지닌 중의적 의미로 인해 "먼저 떠나간 시간이 있어, 과거가 스며드는 비애"(「늙은 기타리스트」)에 잠식되지 않도록 이끌며 과거의 시간을 품고 떠나는 이가 "색소폰을 힘껏 불 수 있는 그곳"에서 또 다른 생의 감각을 영위하리라는 믿음을 전하며 그를 보내는 이들을 위무한다.

    밀도 높은 어둠이 숲을 덮치듯
    두려움이 삶을 덮쳐 올 때

    두려움은 둔탁하고 음악은 경쾌하다
    소리는 소음을 걸러 음향이 되고
    음향은 음색을 찾아 음악이 된다

    존 케이지의 '4분 33초'도 음표 없는 음악이다
    실러의 시는 베토벤의 합창을 통해
    환희의 송가로 거듭났다

    소리는 두려움을 어루만지고
    음악은 어둠을 빛으로 이끈다
    기체처럼 모호하던 소리는
    음악을 거쳐 또렷한 파동으로 단단하다

―「음악」 전문

　음악을 향한 이강 시인의 믿음은 단단하다. 시인이 진술하듯 음악은 "밀도 높은 어둠"과 "두려움이 삶을 덮쳐 올 때" 그것을 "빛으로 이"끄는 힘을 지니고 있다. 그것은 "무서리에 손금이 달라붙은 유리창"의 밤을 "산란한 아침노을"의 순간으로 전환시킨다(「아침, diminuendo」). 고단한 삶과 죽음에 대한 두려움 너머 다른 무엇을 꿈꾸게 하는 것이야말로 음악이 지닌 본질적인 역능이 아닐까 싶을 정도로 이강 시인이 주시하는 음악의 힘은 무한한 가능성의 "파동으로 단단하"기만 하다. 이러한 단단함이야말로 "존 케이지의 '4분 33초'"의 침묵으로 하여금 "두려움을 어루만지고" "실러의 시"를 "환희의 송가로 거듭"나게 한다. 또한 그것은 '불협화음'이 만들어 내는 "조성이 없는 무질서의 질서"(「쇤베르크」)를 포용하는 한편 "언어상의 정의"를 뛰어넘어 "*우리는 어디에서 왔으며, 누구이고, 어디로 가는가*"(「불협화음」)를 사유하는 데로 이어진다.
　그렇게 이어진 사유는 "난무하는 포성에 여백을 잃"(「피에타」)게 하고 "전쟁과 학살의 검은 피가 스"(「아프리카, 아프리카」)민 아프리카와 우크라이나의 비극을 응시하며 "위태로운 존재의 '너'"(「황병기」)를 넘어선 그 무엇을 상상하게 한다. 억압과 강제의 형태로 고착화된 세계가 만들어 내는 착취의 시스템과 전쟁의 폭력성으로 인해 "억압된 감각의 그루터기 주위를/ 위태롭게 방황하고 있"는 존재의 내밀함을 어루만지며

"내면의 감정이 감각의 허물을 벗고/ 수직으로 자라"(「황병기」)나는 시간을 염원하는 시인은 "갈라진 달빛을 기"워 삶의 고통과 슬픔을 "뭇별의 깃발"(「아프리카, 아프리카」)로 삼는다. 그렇다고 해서 이강 시인이 먼 곳의 고통에 침윤된 것은 아니다. 오히려 지금 이곳의 삶에 주목하여 소외된 존재를 어루만져 이를 통해 '뭇별의 깃발'의 양태를 드러내고자 한다.

'낙원상가'에서 "오십여 년 기타만 매만져 온 손"(「악기 수리장인 배기수 씨」)을 지닌 악기 수리장인 배기수 씨의 모습을 그려냈듯 시인은 "염천교 수제화 거리"의 "남천제화" 제화공의 "시꺼멓게 갈라져 터지고 있"는 손끝을 응시한다(「염천교」). 화려한 시절을 보낸 그의 손끝은 "아파트가 치솟"아 "어슬막"이 된 "백제 위례성 안"처럼(「천호동」) 그늘지고 소외된 존재의 장소를 여실히 보여준다. 생활을 영위하고 일상을 건사해야 하는 현존과 실존의 장소는 "궂은비에 잠"겨 "거꾸로 묻"힌 "밤가시초가 한 채가 덩그러니 서 있"는 것처럼 왜소화되었다(「밤가시마을」). 그렇다고 해서 "야윈 태양을 인 추레한 그림자"(「서울역 서부역」)로 "구석진 간이 난로 옆"(「동백 숲에 붉은 입술」)에 머물러 "하루치 삶은 잿빛 꿈과도 같아 서럽다"(「키다리 풍선 인형」)고 주저앉을 수는 없는 노릇이다. 애환이야 어쩔 수 없다지만 "저당 잡힌 헐한 명세서"(「마음에 푸른 이끼」)로 삶의 기억에만 침잠해 있을 수 없기 때문이다. '뭇별의 깃발'을 인골의 흔적을 톺아 세울 수 있듯 과거를 현재로 가져와 미래를 향해 나아가야 하는 것은 삶을 살아가는 이의 몫일 테다.

가두리 유리병 속, 검은 혀를 뾰족이 내밀고 날것으로 서 있다 경계를 뒹굴며 짜릿했거나 아릿했던 시간을 훔치고 있다 여일한 날 빛을 그리다, 꿈을 쓰다, 그림자를 쫓다, 희망을 팔던 구붓한 일각에 몽땅해진 몸뚱이가 속절없이 야위어 가고 있다

　넋두리 한 묶음, 허공 한 자락 다 내어주고 해고된 정수리에는 질퍽한 울음 같은 것들이 숨어 있다 어르고 기르던 말 같은 것들이 죽어가고 있다 철없이 무디어 간 사금파리 같은 것들을 품고 있다

　혀가 검은 피를 쏟아내고 있다 투명 유리병 속 그득 고이고 있다 쉬이 잠 못 이루는 밤을 태워 부서진 날의 고비를 넘고 있다 자중자중 미쳐 갈 그날을 기다리고 있다

　줄임표 앞에서 하나, 둘, 셋 그들은 징검돌을 건너고 있다
　　　　　　　　　　　　　　　　　　ㅡ「몽당연필」전문

　'몽당연필'로 비유된 존재의 양태는 "속절없이 야위어 가고 있다". 그가 경험한 "짜릿했거나 아릿했던 시간"은 "가두리 유리병 속, 검은 혀"의 "날것"이 지녔던 기억이라서 "빛을 그리다, 꿈을 쓰다, 그림자를 쫓다, 희망을 팔던 구붓한" 찰나(一刻)의 한 귀퉁이(一角)에 머물러 "몽땅해진 몸뚱이"를 더욱 초라

하게 만든다. 평온한 중심지로서의 장소가 지닌 구체성은 존재 외부에만 한정되지 않는다. 미셸 푸코가 『헤테로토피아』에서 언급하였다시피 결코 다른 곳이 아니라 돌이킬 수 없이 여기에 존재하는 자신의 몸은 다른 무엇보다도 가차 없이 존재에게 강요된, 어쩔 수 없는 장소이다. 몸은 행동하고 살아가며 욕망한다. 그리하여 그곳으로부터 실제적이든 유토피아적이든 모든 가능한 장소가 시작되어 뻗어나간다.

그러나 한편으로 존재는 몸에 새겨지는 시간의 축적을 파쇄하지 못한다. "넋두리 한 묶음, 허공 한 자락 다 내어주고 해고된 정수리"에 숨어 있는 "질퍽한 울음"과 "철없이 무디어 간 사금파리 같은 것들을 품고 있"는 몸은 "쉬이 잠 못 이루는 밤을 태워 부서진 날의 고비"를 넘을 수 있을까. 시인은 "자중자중 미쳐 갈 그날을 기다리"는 몸을 기록하면서도 그것이 "징검돌을 건너고 있다"고 진술함으로써 작아지고 노쇠해 가는 삶의 양태를 부정하지 않고 다른 가능성의 층위로 옮겨 놓는다. 그것이 무엇인지 또렷하게 파악할 수는 없겠지만 "수척한 날들 위를 걸어 다니"다 "시의 자리를 차지"하고는 "그 시를 깊은 눈으로 바라보"는(「석굴암」) 존재의 어떤 마음으로 깁는다. 비록 "가난처럼 질긴 설움은 떠나지 않고/ 바위처럼 단단한 무수한 기억의 반동에/ 인제 그만 비통한 방의 문을 닫고 싶어"(「염하는 날」)질지라도 시인은 "코끝 매운 풀꽃 향"(「풀꽃향」)을 품은 아기의 미래 가능성으로 또 다른 시간과 장소를 열어 낸다.

한 걸음 또 한 걸음

이강 시인의 『낙원상가』에는 낙원상가의 시간만큼이나 삶을 살아낸 이들의 노쇠와 죽음이 맴돌고 그에 대한 애도의 정동이 배어 있다. 이는 "삶은 한바탕 죽음의 놀이"(「여태 이스마엘은 고래 이야기를 한다」)였다는 인식과 궤를 같이하지만, 그 안에는 "Gracias A La Vida"(「Gracias A La Vida」)라는 삶과 생을 포괄하는 인생과 그 모든 것에 감사하는 마음이 깃들어 있다. 그렇기 때문에 시인은 "육중한 감정에 휘둘린 말의 고삐"를 쥐고 "염결한 조각들을 끌어모아/ 빛과 소리로 오는 마음들"(「곡두」)로 시를 쓰고 있는 것일 테다. 여전히 "누군가가 우리의 삶으로 우리를 때리는 것 같"(「페르난두 페소아」)을지언정 시인은 "혼곤한 기억을 불러내"어 이번 시집을 통해 "어둠이 다치지 않게/ 상처가 덧나지 않게/ 명징한 내력조차 아득해지는 일"을 수행해 온 것이다(「곡두」).

> 엄마의 젖을 물고는 도리질을 치다
> 라일락꽃 얼굴에 붉디붉은 꽃물 듭다
> 휘우듬한 허기에 칭얼거리다
> 젖병을 물고서야 겨우 호젓해집니다
>
> 뒤뚱거리다
> 타박타박

저벅저벅

뚜벅뚜벅

아이가 여흘여흘 걸어 내야 할 동동 발자국

하룻밤 새에도 디딤발이 꼬이고

발자국 기댈 담벼락은 앙상한데

겨우 한 발 내디뎌 떠나는 엄마 젖

아이야, 아이야

빗줄기 허리 가늘어지거든

처마 밑 저무는 댓돌 딛고 한 걸음

바람난 풍경소리 걸어두고

어둡고 흐린 불화 속을 또 한 걸음

―「동시」 전문

  영화를 누리던 시간의 한 모퉁이에서 시인은 새로운 삶의 장소를 발견한다. 그것은 지난한 삶의 과정에서 경험하게 되는 구체적 장소라기보다는 다른 가능성으로서 앞으로 구성해 나갈 삶 그 자체로 가치 맥락을 지닌다. 마치 "어린 봄이 저만치 재잘거리며/ 느릿느릿 움 틔우며 오고 있"(「봄밤」)는 것처럼 시인은 "뒤뚱거리다/ 타박타박/ 저벅저벅/ 뚜벅뚜벅/ 아이가 여흘여흘 걸어 내야 할 동동 발자국"을 앞질러 맞이한다.

아이의 발자국에 새겨진 음성상징어는 "소음을 걸러 음향이 되고/ 음향은 음색을 찾아 음악이 된"(「음악」) 듯 앙상한 담벼락의 위태로움과 "겨우 한 발 내디뎌 떠나는" 아이의 불안한 미래를 "빛으로 이끈다"(「음악」). "처마 밑 저무는 댓돌 딛고 한 걸음", "어둡고 흐린 불화 속을 또 한 걸음" 나아가는 것이 삶이라는 듯이 시인은 아이의 걸음을 상상하며 새로운 날, 새로운 삶, 새로운 장소의 가능성을 톺는다.

    쇠락하고 노후화된 낙원상가를 둘러싼 존재의 삶으로부터 "라일락꽃 얼굴에 붉디붉은 꽃물" 든 아이의 걸음 곁에 선 시인에게 일상적 생활공간에 자리한 의미 있는 경험의 중심지인 장소가 이렇게 새로운 모습으로 펼쳐진다. 아이의 저 작은 걸음이 짓는 파장이 어떠한 파동을 만들고 울림을 만들고 소리를 만들어 '낙원'을 재구축하고 또 그것을 공통의 정체성으로 장소화할 수 있을지 이강 시인의 마음으로 지켜보고 싶다.

| 이강 |

1960년 경남 남해에서 태어나 서울 중앙고등학교를 졸업하고, 한국외국어대학교(튀르키예과, 일본어과)를 졸업했다. 2020년 한국방송통신대학교 국어국문학과, 2022년 일본어과를 졸업했다. 2023년 시집 『기형도』를 펴냈다.

이메일 : oojima@daum.net

현대시 기획선 135
낙원상가

초판 인쇄 · 2025년 9월 10일
초판 발행 · 2025년 9월 15일
지은이 · 이강
펴낸이 · 이선희
펴낸곳 · 한국문연
서울 서대문구 증가로29길 12-27, 101호
출판등록 1988년 3월 3일 제3-188호
편집실 | 서울 서대문구 증가로31길 39, 202호
대표전화 302-2717 | 팩스 · 6442-6053
디지털 현대시 www.koreapoem.co.kr
이메일 koreapoem@hanmail.net

ⓒ 이강 2025
ISBN 978-89-6104-396-0 03810

값 13,000원

* 잘못된 책은 바꾸어 드립니다.